AF357042

EDICT DV ROY,

PORTANT CREATION
d'vn Seneschal & Sie-
ge Presidial en la Ville
d'Alby. *Du mois de Ianuier 1636.*

*Verifié au Grand Conseil le vingt-
troisiéme Auril 1637.*

A PARIS.

M. DC. XXXVII.

LOVIS par la grace de
Dieu Roy de France & de
Nauarre, A tous preſens &
à venir, Salut. L'ʋɴ des
plus grands & plus parti-
culiers ſoins des Roys nos predeceſſeurs,
a eſté de faire adminiſtrer la Iuſtice, au
bien, ſoulagemẽt & commodité de leurs
Subjets, ayans pour cette raiſon eſtably
des Bailliages & Seneſchauſſées és meil-
leures & principales Villes de ce Royaume, & accreu le nombre des Iuriſdi-
ctions en diuers temps, ſelon qu'ils iu-
geoient eſtre à propos, tant pour la de-
coration des bonnes Villes, que pour
faire rendre la Iuſtice à leurs Subjets ſur
les lieux proches d'eux: & pour cette con-
ſideration, auroient encores eſtably en
aucunes deſdites Villes, des Sieges Pre-
ſidiaux compoſez d'ʋn nombre d'Officiers, pour decider en dernier reſſort les
cauſes d'appel qui n'eſtoient de telle con-

sequence, que le iugement en deust estre
reserué aux Parlemens. C'est pourquoy,
voulans à leur exemple rendre égale-
ment à tous nos Subjets la plus prompte
Iustice qu'il se pourra, & les soulager des
grandes despenses qu'ils sont contraints
de faire à cause de la distance des Parlemens & des Sieges Presidiaux, Nous
aurions estably depuis peu, vn Siege Presidial en nostre Ville de Montauban, au
Païs de Quercy, dont le public a receu
vn tel soulagement, que nous auons iugé
à propos d'en faire establir vn autre en
nostre Ville d'Alby, pour ressortir en
deux diuerses Seneschaussées de Thoulouze & de Carcassonne, qui se trouue
ruinée,& tout le Païs d'Albigeois, à cause des grands frais & despenses que nos-
dits Subjets sont obligez faire pour aller
poursuiure leurs interests, estans esloi-
gnez de la Ville de Thoulouze de vingt-
cinq à trente lieuës de France, & de
trente-cinq à quarente de Carcassonne.
Outre le danger qu'il y a de passer les
montagnes d'Albigeois, à cause des nei-
ges & des voleurs, il arriue encore des
inconueniens beaucoup plus grands à

noſtre pauure peuple, & vn ſujet de plus grande deſpenſe, de ce qu'vne partie du Dioceze d'Alby reſſortiſſant au Seneſchal de Thoulouze, & l'autre à celuy de Carcaſſonne, il naiſt toujours de ſi grands differends entre les Officiers de la Iudicature d'Albigeois, reſſortiſſãs au Seneſchal de Thoulouze, & ceux des Iudicatures de Caſtres & Terrebaſſe, reſſortiſſans au Seneſchal de Carcaſſonne, pour raiſon de leur Iuriſdiction, qu'il faut neceſſairement en pourſuiure vn reglement de Iuges en noſtre Parlement de Thoulouze, dautant que chacun deſdits Seneſchaux de Thoulouze & Carcaſſonne, taſche de ſouſtenir & fauoriſer le Iuge ordinaire qui reſſortit par deuant luy: de ſorte que les parties, pour faire iuger le conflict de Iuriſdiction, ſe conſomment en de ſi grands frais, que la deſpenſe excede la valeur des choſes conteſtées: & ſi encores apres l'Arreſt de reglement, il faut que les parties pourſuiuent le fonds de leur affaire pardeuant les Iuges que noſtredit Parlement de Thoulouze aura ordonné, qui reſtent toujours ſuſpects à l'vne des parties. Ce

conflict de Iurisdiction est encores plus
ordinaire en nostre Ville d'Alby, entre
nos Officiers & ceux de l'Euesque Sei-
gneur temporel d'icelle : ce qui fait que
la distribution de la Iustice ne demeure
pas seulement retardée, au dommage de
nos pauures Subjets, mais encores ces
contestations suruenuës dans les affaires
criminelles, les crimes en restét impunis
à nostre prejudice, & de la chose publi-
que, laquelle ne se trouue pas moins in-
teressée, lors que ces differends arriuent
entre les mesmes Officiers de la Ville
d'Alby : le Iuge de Lombers, qui a vn
Iuge de sa Iudicature à vn Fauxbourg de
ladite Ville, qu'on appelle le Castelviel,
& de nostre Iuge d'Albigeois, qui a aussi
vn Siege de Iudicature à vn des autres
Faux-bourgs de ladite Ville, nommé le
bout du Pont : de sorte que sur le conflict
de ces quatre Iurisdictions de nostredite
Ville d'Alby, les vns se pouruoyent au
Presidial de Carcassonne, dont la Ville
ressortit : les autres à celuy de Thoulouze, dont les Faux-bourgs ressortissent. Ce
qui est vn perpetuel debat entre nos Officiers, suiuy de celuy des parties. Ainsi le

public se trouuant interessé dans la con-
fusion de ces diuerses Iurisdictions de
nostredit Païs d'Albigeois, Nous auons
creu que les faisans ressortir en vn mesme
Seneschal & Siege Presidial, nos Subjets
en receuroient du soulagement, se trou-
uans par cét establissement redimez des
excessiues despenses qu'ils sont obligez
de faire, tant en nostredit Parlement
de Thoulouze, que par fois en nostre
Conseil, pour sçauoir à qui la cognois-
sance en doit estre attribuée : outre que
par la presence de nos Magistrats Presidiaux, vn chacun de nos Subjets seroit
retenu en l'obeïssance & deuoir qu'ils
nous doiuent, & dont nos Subjets de la
Ville d'Alby ne se fussent point departis
aux derniers troubles de nostre Prouince de Languedoc, mais fauorisez de l'authorité de nos Officiers, se fussent oppo-
sez (comme ils nous ont tesmoigné en
auoir la volonté) aux factions qui ont
troublé depuis peu la Prouince. Nos
Magistrats Presidiaux empescheroient
encores les brigues & monopoles qui se
font en nos Villes & Païs d'Albigeois,
pour les charges Consulaires, & tien-

droient la main que les deniers publics
fuſſent adminiſtrez au bien & ſoulage-
ment de nos pauures Subjets, leſquels
par la malice de ceux qui en ont le ma-
niement, ſe trouuent entierement rui-
nez, & le payement de nos Tailles recu-
lé. A CES CAVSES, pour ces con-
ſiderations, & autres importantes au
bien de l'Eſtat, & de noſtre feruice,
Voulans decorer & orner noſtre Ville
d'Alby, capitale du Païs d'Albigeois, &
vne des plus anciennes de ce Royaume,
de quelque tiltre d'honneur plus releué,
& donner moyen aux Habitans d'icelle
& de noſtre Païs d'Albigeois, de ſe re-
mettre des pertes par eux ſouffertes à
cauſe des guerres des rebelles, ayāt four-
ny toujours aux degats faits à Montauban & Caſtres, meſmes fait les fieges des
Villes de Lombers & Realmont à leurs
ſeuls frais & deſpens; & pour ſe releuer
auſſi des dommages & incommoditez
qu'ils ont ſouffertes de la maladie con-
tagieuſe dont ils ont eſté grandement af-
fligez, particulierement noſtredite Ville
d'Alby: SÇAVOIR FAISONS, Qu'ayans
mis cette affaire en deliberation en noſtre

ſtre Conſeil, où eſtoient aucuns Princes
de noſtre Sang, Officiers de noſtre Cou-
ronne, & pluſieurs autres grands Seigneurs & notables Perſonnages de nô-
ſtre Conſeil : DE l'Aduis d'iceluy, & de
noſtre certaine ſcience, plaine puiſſance
& authorité royale, NOVS AVONS par
cettuy noſtre preſent Edict perpetuel &
irreuocable, ſeparé & deſ-vny dés à preſent & pour toujours, la Seneſchauſſée
d'Albigeois, comprenant les Diocèzes
d'Alby & de Caſtres, de celles de Thoulouze & Carcaſſonne, comme ayant eſté
de tout temps vne Seneſchauſſée parti-
culiere : Et en conſequence de ce, Auons
creé, erigé & eſtably, creons, erigeons &
eſtabliſſons en ladite Seneſchauſſée d'Albigeois & Ville d'Alby, Vn Seneſchal &
Siege Preſidial; & en iceluy auſſi creé, éri-
gé & eſtably les Officiers qui enſuiuent;
Sçauoir, Vn noſtre Conſeiller & Seneſchal, qui ſera Gentil-homme & de qualité, Deux nos Conſeillers Preſidens Preſi-
diaux, Vn noſtre Conſeiller Iuge Magé,
Vn noſtre Conſeiller Iuge Criminel, Vn
noſtre Conſeiller Lieutenant Principal,
Vn noſtre Conſeiller Lieutenant Parti-

B

eulier, Vn noſtre Conſeiller Aſſeſſeur
Criminel, Vn noſtre Conſeiller Lieutenant du Seneſchal de Robe-courte, Vn
noſtre Conſeiller Clerc, Vn noſtre Con-
ſeiller & Garde des Seaux, Vn noſtre
Conſeiller Enqueſteur & Commiſſaire
Examinateur, & Dix autres nos Conſeil-
lers, Deux nos Conſeillers & Aduocats,
& Vn noſtre Conſeiller & Procureur,
Vn Subſtitut de noſtredit Procureur,
Vn noſtre Conſeiller & Secretaire dudit
Preſidial, pour ſigner toutes expeditions
& lettres qui ſeront ſeellées en la Chan-
cellerie dudit Preſidial, au benefice de
ſuruiuance pour la premiere fois, Vn
Garde du petit Seel, Vn Chauffe-cire,
Vn Huiſſier, Sept Greffiers hereditaires,
ſçauoir Ciuil, Criminel, des Preſenta-
tions, d'Appeaux, des Inſinuations, des
Affirmations, & Vn du Conſeil, auec les
Places de Clercs, Vn Controlleur des
Expeditiõs deſdits Greffes, Deux Clercs
d'Audience, Deux Gardes ſacs, Deux
Huiſſiers Audienciers, & Vingt Procu-
reurs Poſtulans hereditaires, deux deſ-
quels ſeront Certificateurs de criées, Vn
Receueur ancien, alternatif & triennal

hereditaire des efpices, aux droicts de
deux fols pour liure de taxation de fa recepte, Vn Receueur des Amendes, aux
droits de fix deniers pour liure, & Payeur
des gages defdits Officiers, & Six Huiffiers ou Sergens à verge hereditaires,
auec pouuoir d'exploiter par tout noftre
Royaume, ainfi que les Huiffiers & Sergens des autres Sieges & Iurifdictions.
Tous lefquels Offices nous auons par ce
mefme Edict creez & erigez, creons &
erigeons en chef & tiltre d'Offices for-
mez, pour y eftre dés à prefent par nous
pourueu, & cy apres quand vacation y
efcherra par mort, refignation ou autre-
ment, de perfonnes capables & fuffifan-
tes, & de la qualité requife, qui les tien-
dront & exerceront aux honneurs, au-
thoritez, prerogatiues, preeminences,
priuileges, franchifes, libertez, pouuoirs,
gages, droicts, fruicts, profits, reuenus &
émolumens tels & femblables dont iouïf-
fent les Officiers des autres Senefchauffées & Sieges Prefidiaux de ce Royaume, & qui leur ont efté attribuez tant
par leur eftabliffement, que par les De-
clarations & Reglemés fur ce faits. Tous

lefquels nous leur auons attribué & attribuons, encores qu'ils ne foient icy plus
particulierement fpecifiez. Pour par tous
lefdits Officiers de Iudicature, cognoi-
ftre, iuger & decider en dernier reffort,
toutes les matieres ciuiles & criminelles
pour les cas Prefidiaux dudit Senefchal
& Prefidial d'Albigeois, eftably en no-
ftredite Ville d'Alby, qui comprendra
la Ville & Viguerie d'Alby, la Ville &
Preuofté de Realmont, les Iudicatures
d'Albigeois & Terre-baffe, les Iudicatures de Caftelnau de Montmiral, de Lombers, Lamiate & Britefte, la Ville, Comté & Iudicature de Caftres, la Ville, Vi-
comté & Iudicature de Lautrec, & toutes autres Iurifdictions & Iuftices Subal-
ternes, tant Royales qu'appartenantes
aux Seigneurs particuliers, qui font &
qui fe trouueront eftre dans l'eftenduë
des deux Diocezes d'Alby & de Caftres:
lefquels, auec toutes les Villes, Bourgs,
Villages, Paroiffes & Communautez fi-
tuées dans lefdits Diocezes, qui auoient
reffort & mouuance aux Senefchaux &
Prefidiaux de Thoulouze & Carcaffonne, nous auons diftraits, feparez & def-

vnis, pour doref-en-auant & à touiours
demeurer & reffortir audit Senefchal &
Prefidial d'Albigeois, eftably en ladite
Ville d'Alby, nonobftant tous autres
Edicts de creation de Senefchal & Prefidial, lefquels nous auons reuoqué & re-
uoquons par ces prefentes. Pour le faict
dequoy, nous ordonnons à tous nos Subjets des lieux fufdits, tant Ecclefiaftiques,
Gentils-hommes qu'autres, qu'ils ayent
à fe pouruoir pour toutes caufes & matieres tant ciuiles que criminelles, en premiere inftance ou par appel, comme il
appartiendra, & comme il eft accouftu-
mé faire és autres Senefchauffées & Sieges Prefidiaux de ce Royaume, fans que
nos Subjets & Officiers defdits Senefchaux & Sieges Prefidiaux de Thoulouze & de Carcaffonne, puiffent prendre
aucune cognoiffance & iurifdiction de
toutes les caufes & matieres fufdites at-
tribuées au Senefchal & Prefidial d'Albigeois, lefquelles dés à prefent nous
auons euoquées & euoquôs defdits Prefidiaux de Thoulouze & Carcaffonne, &
ordonnons que tous procés & inftances
qui font à prefent intentées entre nos

Subjets defdits Diocezes d'Alby & de
Caftres, & aufquels ne fera interuenu
conteftation en caufe, foient renuoyez
deuant ledit Senefchal & Prefidial d'Albigeois, fans pouuoir eftre iugez ny de-
cidez par ceux de Thoulouze & Carcaffonne, à peine de nullité, caffation de
procedures, defpens, dommages & inte-
refts des parties. A quoy nous leur defen-
dons tres-expreffément de contreuenir,
& à nos Subjets defdits Diocezes de fu-
bir Iurifdiction ailleurs qu'audit Alby,
fur mefme peine, & de nous refpondre
de leur defobeïffance enuers nous, en
leurs propres & priuez noms. COMME
auffi pour contenir nos Subjets reffortif-
fans audit Senefchal & Prefidial d'Albigeois en leur deuoir, reprimer les abus,
voleries & mauuaifes actions qui fe com-
mettent audit Païs, particulierement és
montagnes d'iceluy, Nous auons par cettuy noftre prefent Edict, reftably & creé
de nouueau, reftabliffons & creons, Vn
Preuoft, vn Lieutenant, & Greffier, aux
mefmes fonctions, pouuoirs & priuileges, que tous les autres Preuofts Pro-
uinciaux, auec huict Archers, lefquels

auront pouuoir d'exploiter par tout le ressort dudit Seneschal & Presidial d'Alby. Ausquels Officiers dudit Seneschal & Siege Presidial d'Albigeois, nous auons attribué & attribuons les gages qui ensuiuent: Sçauoir, au Seneschal, trois cens liures: aux deux nos Conseillers & Presidens Presidiaux, huict cens liures chacun: à nostre Conseiller & Iuge Mage, quatre cens liures: à nostre Conseiller & Iuge criminel, deux cens liures: à nostre Conseiller & Lieutenant Principal, deux cens liures: à nostre Conseiller & Lieutenant Particulier, cent liures: à nostre Conseiller Assesseur criminel, cent liures: à nostre Conseiller Lieutenant du Seneschal de Robe-courte, cent liures: à nostre Conseiller Clerc, cent liures: à nostre Conseiller & Garde des Seaux, cent liures, outre les cent liures qu'il prendra sur les émolumens du Seau: à nostre Conseiller Enquesteur & Commissaire Examinateur, cent liures: aux dix autres nos Conseillers Laiz, cent liures chacun: aux deux nos Conseillers & Aduocats, cent liures chacun: à nostre Conseiller & Procureur, cent liures: à noſtre Cõſeiller & Secretaire dudit Preſidial, cent liures : au Chauffe-cire, quarente liures : à l'Huiſſier de la Chancélierie, dix liures : au Receueur hereditaire des eſpices, cent liures : au Receueur Payeur hereditaire des gages des Officiers dudit Preſidial, qui fera auſſi la recepte des amendes, cent cinquante liures : au Preuoſt Prouincial, ſix cens liures : à ſon Lieutenant, deux cens liures : au Greffier, cent liures : aux huict Archers, ſix vingts cinq liures chacun. Tous leſquels gages reuenans enſemble à la ſomme de ſix mil neuf cens liures, nous voulons eſtre employez dans l'eſtat de nos Gabelles de Languedoc, cõme charges ordinaires, à commencer du premier Ianuier dernier, & payez par les Fermiers deſdites Gabelles, au Receueur & Payeur des gages dudit Preſidial, de quartier en quartier, en la maniere accouſtumée, pour eſtre par luy deliurez auſdits Officiers ſur leurs ſimples quittances, qui ſeruiront de valables deſcharges auſdits Receueurs. Et pour dauantage gratifier & fauorablement traiter noſdits Officiers, Nous voulons

qu'ils

qu'ils iouïſſent de la diſpenſe des quarente iours, pour le temps qui reſte à ex-
pirer des neuf années portées par nos
Lettres de Declaration du vingt-vniéme
Decembre mil ſix cens trente, & vingt-
cinquiéme Nouembre mil ſix cens tren-
te-vn, & qu'ils ne payent aucune finance,
ſi durant icelles ils ne viennét à reſigner:
ains eſtans expirées, ils ſeront admis au
benefice du droiƈt annuel, tout ainſi que
tous les autres Officiers, ſans payer aucune aduance, dont nous les deſchar-
geons entant que beſoin ſeroit.

SI DONNONS EN MANDEMENT
à nos amez & feaux Conſeillers, les Gens
tenans noſtre Grand Conſeil, eſtablis
par les Roys nos predeceſſeurs, Iuges &
Conſeruateurs de la Iuriſdiƈtiõ des Pre-
ſidiaux, & du pouuoir qui leur eſt attribué, Cour des Comptes, Aydes & Finances de Montpelier, Preſidens & Tre-
ſoriers Generaux de France eſtablis à
Thoulouze, & à tous nos autres Iuges &
Officiers qu'il appartiendra, Que noſtre
preſent Ediƈt ils facent lire, publier &
regiſtrer, & le contenu en iceluy garder
& obſeruer inuiolablement, de poinƈt

en poinct, selon sa forme & teneur, ces-
sans & faisans cesser tous troubles & em-
peschemens au contraire, nonobstant
oppositions ou appellations quelcon-
ques, pour lesquelles, & sans prejudice
d'icelles, ne voulons à l'execution de
nostredit Edict, estre differé : & si aucunes interuiennent, nous en auons reserué
à nous & à nostre Conseil, la cognoissan-
ce, & icelle interdite & defenduë à nostre Cour de Parlement de Thoulouze,
& à tous autres Iuges : CAR tel est nostre
plaisir, nonobstant tous Edicts, Ordon-
nances, Reglemens & Lettres à ce con-
traires, ausquelles, & à la dérogatoire des
dérogatoires y contenuës, nous auons
expressément dérogé & dérogeons par
ces presentes ; ausquelles, afin que ce soit
chose ferme & stable à toujours, nous
auons fait mettre nostre Seel, sauf en autre chose nostre droict, & l'autruy en
toutes. DONNE' à Sainct Germain en
Laye au mois de Ianuier, l'an de grace
mil six cens trente-six, & de nostre regne
le vingt-sixiéme. Signé, LOVIS : à
costé, visa, & plus bas, Par le Roy, DE
LOMENIE, & seellé du grand Seau de

cire verte sur lacs de soye rouge & verte.
Et encor est écrit :

*Leu , publié & registré au Grand
Conseil du Roy , oüy & ce requerant le
Procureur General. A Paris le vingt-
troisiéme Auril mil six cens trente-sept.*
Signé , COLLIER.

Collationné à l'original par moy Conseiller Secretaire du Roy & de ses
Finances.

www.ingramcontent.com/pod-product-compliance
Lightning Source LLC
LaVergne TN
LVHW011506170726
843501LV00009B/3646